Y Gofod

Gan Sarah Powell

Dyluniwyd gan Nicola Friggens
a Katherine Radcliffe

Addasiad Cymraeg
gan Bethan Mair

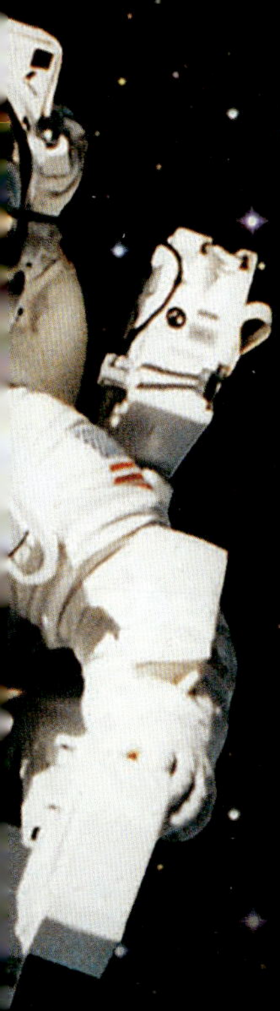

Ruby a India Skone

Ruby

Y Bydysawd

Mae'r Bydysawd mor **fawr** nes ein drysu. Mae'n cynnwys popeth sy'n bodoli – pob darn o lwch, pob craig, planed, galaeth a Chysawd yr Haul. Mae'n anodd dychmygu pa mor fawr yw'r Bydysawd, oherwydd rydyn ni'n meddwl ei fod yn **ddiderfyn,** neu byth yn gorffen, ac yn cynnwys mwy o sêr nag y gall **neb** eu cyfri.

Dyma nebiwla, lle bydd sêr a galaethau newydd yn cael eu gwneud

Mae'r piler enfawr hwn yn y gofod wedi'i wneud o hydrogen a llwch

Y Llwybr Llaethog

Mae galaethau o bob siâp a maint i'w cael. Dyma un droellog
Mae pobl yn meddwl bod twll du yn y canol
Dyma ni!

Dim ond un allan o'r **biliynau** o alaethau yn y **Bydysawd** yw'r Llwybr Llaethog, a dyma ble mae **Cysawd ein Haul** ni. Galaeth **droellog** yw'r enw arni, oherwydd ei siâp, ac mae'n cynnwys 200–400 biliwn o sêr (fel yr Haul), a thua **50 biliwn** o blanedau!

Yr Haul
Mercher
Agosaf at yr Haul
Mae gwregys asteroidau rhwng Mawrth ac Iau
Lle perffaith i fyw
Gwener
Y Ddaear
Dyma'r blaned fwyaf poeth
Mawrth
Mae llosgfynydd arni sy'n fwy nag Everest

Ein **cartref** ni yw Cysawd yr Haul. Yr Haul yw canol y Cysawd, ac mae popeth arall yn troi o'i gwmpas. Mae cyfanswm o **wyth** planed yma, ac mae gan rai ohonyn nhw eu lleuadau eu hunain. Mae **pump** planed fach hefyd, gan gynnwys Plwton. Y Ddaear yw'r drydedd planed o'r **Haul,** a Neifion sydd **bellaf** i ffwrdd o'r Haul.

Cysawd yr Haul

Iau

Y blaned fwyaf

Sadwrn

Cylchoedd o iâ a llwch

Wranws

Mae ganddi 27 lleuad

Neifion

Mae'r gwynt yn chwythu 1,200 milltir (1,930 km) yr awr yma

Tan yn ddiweddar iawn, roedd naw planed yng Nghysawd ein Haul ni. Ond yn 2006 penderfynodd gwyddonwyr newid statws Plwton. Planed fach, neu gorblaned, yw Plwton nawr, druan!

Mercher

Er ei bod yn **llai** na rhai o'r lleuadau yng Nghysawd yr Haul, Mercher yw'r blaned sydd **agosaf** at yr haul. Mae'n edrych yn debyg i wyneb ein Lleuad ni, ac mae'n llawn o **dyllau** gafodd eu gwneud pan fwriodd **asteroidau** enfawr i mewn iddo. Mae Mercher mor ddwys nes bod ei chanol wedi'i wneud o haearn **poeth** pur!

Gwres o'r Haul

Lle bydd Mercher yn wynebu'r Haul, mae hi 10 gwaith yn boethach na'r Ddaear

Ar y blaned Mercher mae un o'r craterau asteroid mwyaf yng Nghysawd yr Haul

Ffeithiau pwysig:

Trefn o'r Haul: 1af
Maint: Lleiaf
Sawl lleuad: 0
Math: Planed ddaearol

Gwener

Gwener yw'r blaned fwyaf llachar yn yr awyr
Weithiau bydd yn cael ei galw'n 'chwaer blaned' i'r Ddaear
Mae Gwener tua 400 milltir (644 km) yn llai na'r Ddaear ar ei thraws

Roedd pobl yn arfer meddwl bod Gwener yn debyg i'r Ddaear ac efallai fod **bywyd** arni, ond mewn gwirionedd, dyma'r blaned fwyaf **anghyfeillgar** yng Nghysawd yr Haul! Mae'r **tymheredd** ar yr wyneb mor boeth nes toddi plwm. **Carbon deuocsid** yw'r rhan fwyaf o'r aer yno, ac mae haenau o gymylau **asid** sylffwrig yn ei hatmosffer.

Ffeithiau pwysig:

Trefn o'r Haul: 2il

Maint: Bron yr un maint â'r Ddaear

Sawl lleuad: 0

Math: Planed ddaearol

Y Ddaear

Y Ddaear yw'r unig blaned yng Nghysawd yr Haul lle rydyn ni'n gwybod bod **bywyd** i'w gael. Oherwydd y moroedd sydd dros y rhan fwyaf o wyneb y Ddaear, caiff ei galw'n **Blaned Las.** Bydd y Ddaear yn cymryd **24 awr** i droi ar ei hechel, gan roi dydd a nos i ni, a **365 diwrnod** i fynd o gwmpas yr Haul, gan roi'r pedwar **tymor** i ni.

Mae'r Lleuad yn troi o gwmpas y Ddaear

Mae'r haenen osôn yn ein gwarchod rhag cael niwed gan belydrau'r Haul
Mae moroedd yn gorchuddio 70% o wyneb y Ddaear

Ffeithiau pwysig:

Trefn o'r Haul: 3ydd
Maint: 5ed mwyaf
Sawl lleuad: 1
Math: planed ddaearol

Mawrth

Mae Mawrth yn goch oherwydd bod haearn ar ei hwyneb

Enw arall ar y Blaned Mawrth yw'r **Blaned Goch.** Dyma'r blaned sydd fwyaf tebyg i'r Ddaear, er ei bod hi'n **oer** iawn yma gan fod y blaned yn bellach oddi wrth yr Haul. Mae gwyddonwyr wedi dod o hyd i **iâ** o dan yr wyneb yma. Efallai fod hyn yn arwydd bod **bywyd** yma unwaith! Gobeithio y bydd pobl yn gallu glanio ar Fawrth rywbryd.

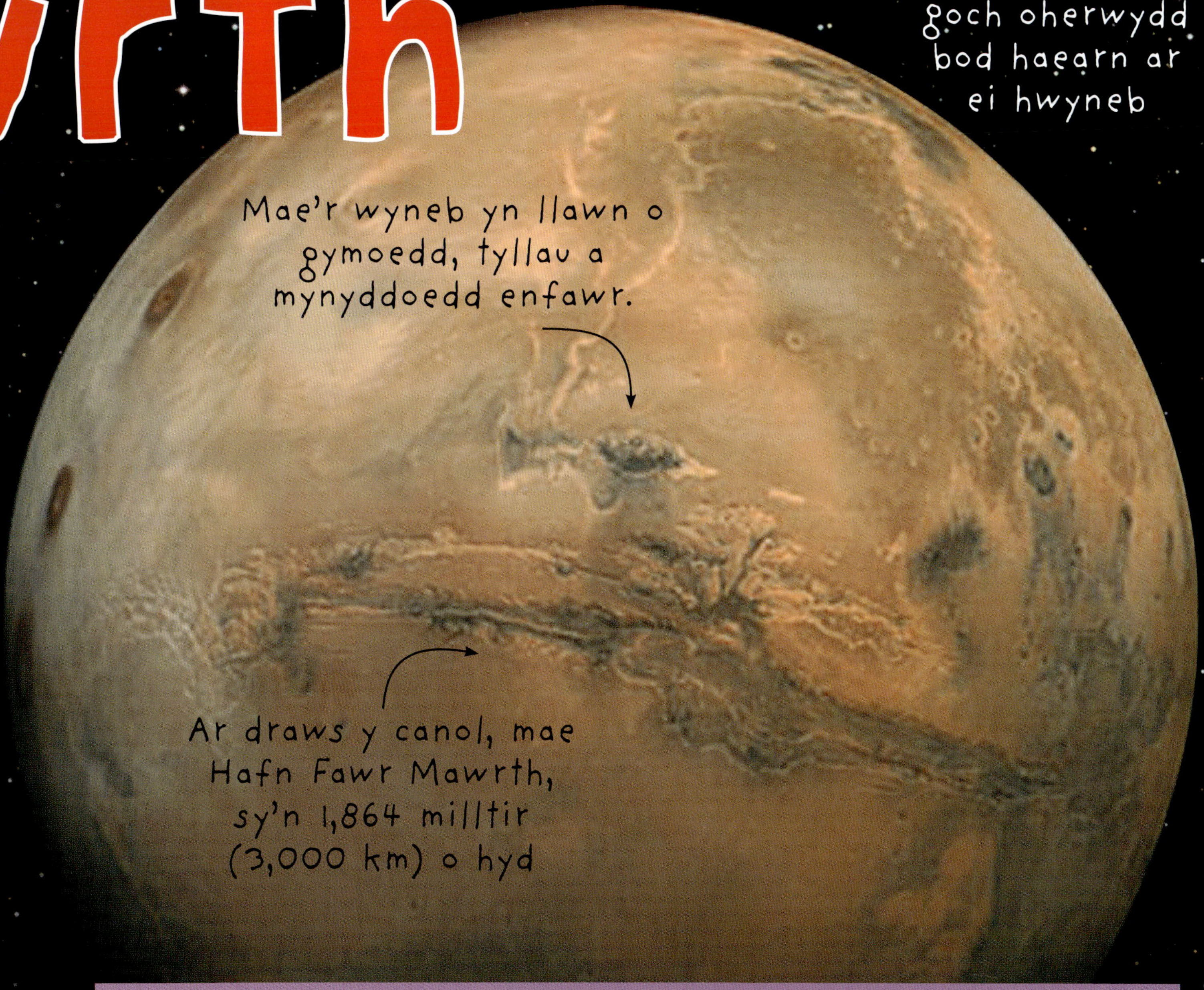

Mae'r wyneb yn llawn o gymoedd, tyllau a mynyddoedd enfawr.
Ar draws y canol, mae Hafn Fawr Mawrth, sy'n 1,864 milltir (3,000 km) o hyd

Ffeithiau pwysig:

Trefn o'r Haul: 4ydd

Maint: hanner maint y Ddaear

Sawl lleuad: 2

Math: Planed ddaearol

Ar 19 Tachwedd 1971, y llong ofod gyntaf i gylchdroi o gwmpas planed arall oedd y Mariner 9, a Mawrth oedd honno! Anfonwyd lluniau a gwybodaeth gyffrous yn ôl i'r Ddaear.

Iau

Iau yw'r blaned **fwyaf** yng Nghysawd ein Haul. Mae **2.5 gwaith** yn fwy na'r holl blanedau eraill gyda'i gilydd! Mae wedi'i gwneud o **nwy** yn bennaf ac mae'n un o'r pedwar **cawr nwy,** gyda Sadwrn, Wranws a Neifion.

Mae Iau yn blaned stormus iawn lle bydd gwyntoedd yn chwythu dros 400 m.y.a (644 km.y.a)
Mae cymylau trwchus coch, brown, melyn a gwyn yn gorchuddio'r blaned
Storm enfawr, dros dair gwaith maint y Ddaear yw'r Smotyn Mawr Coch

Ffeithiau pwysig:

Trefn o'r Haul: 5ed
Maint: 1,300 x y Ddaear
Sawl lleuad: 69
Math: Cawr nwy

Pedair lleuad mwyaf Iau

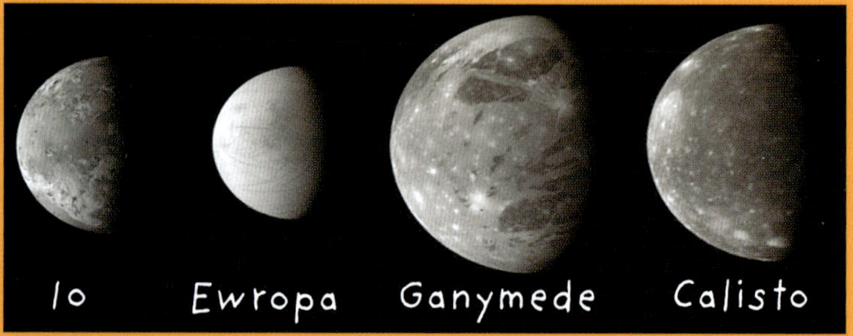
Io
Ewropa
Ganymede
Calisto

Sadwrn yw'r **ail** blaned fwyaf yng Nghysawd yr Haul. Mae gan y blaned naw cylch hardd; gallwch eu gweld nhw drwy delesgop. **Iâ, creigiau a llwch** sydd yn y **cylchoedd**. Mae Sadwrn yn troi'n gyflym iawn ar ei hechel – dim ond **10 awr** yw hyd un diwrnod ar Sadwrn.

Mae rhai darnau o'r cylchoedd yr un maint â llwch, ond mae rhai mor fawr â mynyddoedd. Darnau bach o gomedau, asteroidau neu leuadau ydyn nhw.

Sadwrn

Ffeithiau pwysig:

Trefn o'r Haul: 6ed
Maint: 764 x y Ddaear
Sawl lleuad: 62
Math: Cawr nwy

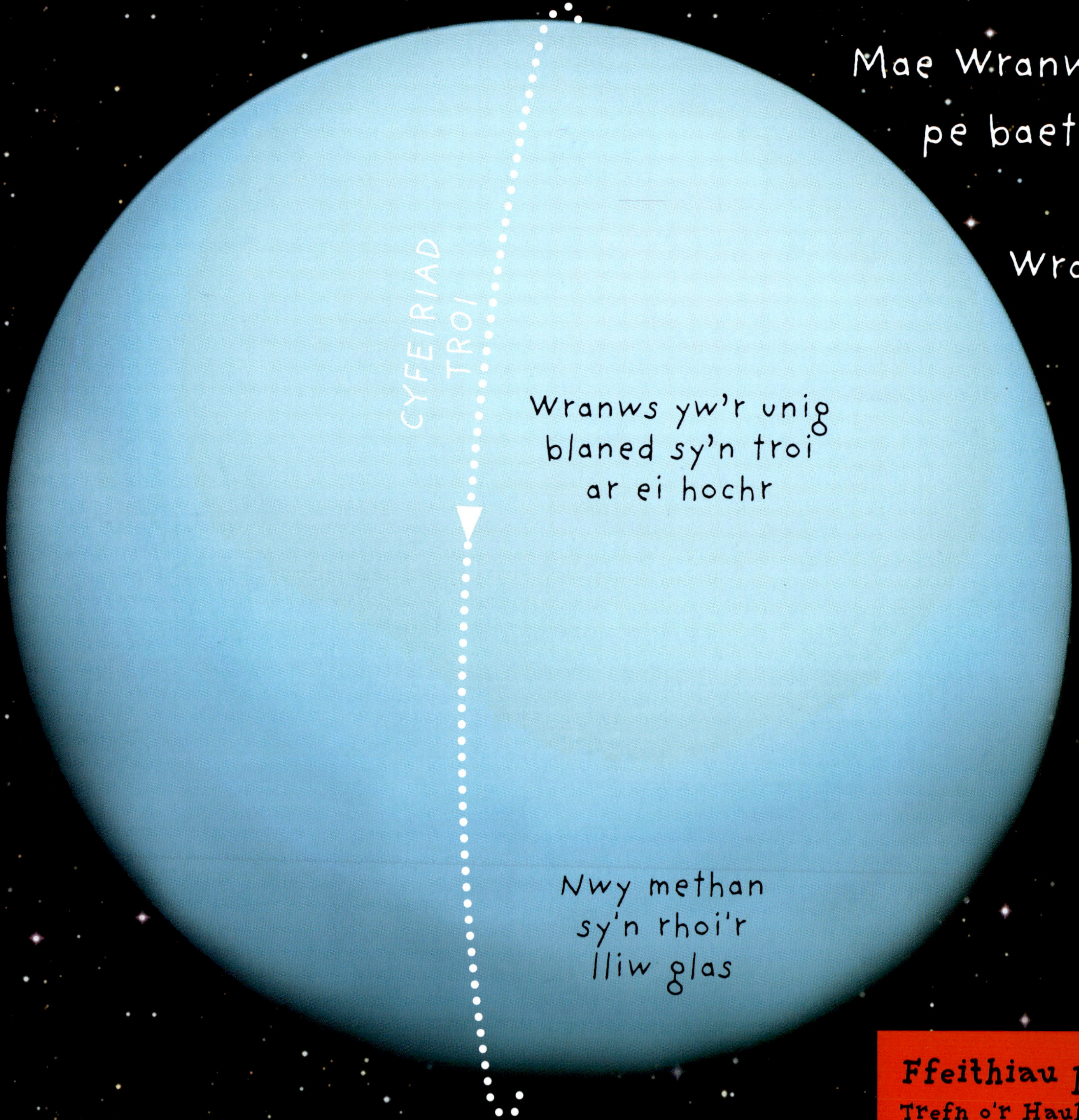
CYFEIRIAD TROI
Wranws yw'r unig blaned sy'n troi ar ei hochr
Nwy methan sy'n rhoi'r lliw glas

Mae Wranws yn bell iawn i ffwrdd; pe baet ti'n **teithio** yno o'r Haul, dim ond hanner ffordd i Wranws fyddet ti wrth fynd heibio Sadwrn! Mae'n lle **oer** iawn gyda'r tymheredd yn disgyn i -371 °F (-224 °C) uwchben yr haen o **gwmwl** sydd o'i gwmpas. Dydyn ni ddim yn gwybod llawer am y blaned las, **bell** hon, a **dirgelwch** sydd o dan ei chymylau.

Wranws

Ffeithiau pwysig:

Trefn o'r Haul: 7fed

Maint: 60 x y Ddaear

Sawl lleuad: 27

Math: Cawr nwy

Dyma Titania, lleuad fwyaf Wranws. Mae'n mesur 980 milltir (1,577 km) ar draws.

Neifion

Ffeithiau pwysig:
Trefn o'r Haul: 8fed
Maint: 57 x y Ddaear
Sawl lleuad: 13
Math: Cawr nwy

Dyma'r blaned sydd **bellaf** oddi wrth yr Haul, ac mae'n gawr oer, **rhewllyd.** Mae'n lliw glas llachar oherwydd bod ganddi nwy **methan** a haenen o ddŵr sy'n arwain at **ganol solet** yr un maint â'r Ddaear. Mae'n cymryd **165** o **flynyddoedd** i Neifion droi o gwmpas yr Haul, felly mae gaeaf yn para 40 mlynedd yma!

Voyager 2 yw'r unig long ofod i fynd heibio'r blaned bell hon.

Storm sydd mor fawr â'r Ddaear yw'r Smotyn Mawr Tywyll

Oherwydd ei bod hi'n cymryd cymaint o amser i'r blaned fynd o gwmpas yr Haul, dim ond unwaith mae hi wedi cylchdroi rownd yr Haul ers iddi gael ei darganfod yn 1846.

Sêr

Yr enw am bobl sy'n edrych ar yr awyr yw **seryddwyr.** Maen nhw'n defnyddio telesgopau i astudio'r awyr ac edrych ar y planedau, y **sêr** a'r **galaethau,** a digwyddiadau cosmig fel uwchnofâu. Mae pobl wedi bod yn syllu ar y sêr am filoedd o flynyddoedd. Mae'n amhosib dychmygu faint o sêr sydd yn y **Bydysawd.**

Dyma Seren y Gogledd – y seren fwyaf llachar yn yr awyr

Dyma glwstwr sêr y Pladur

Ffeithiau pwysig:

Seren agosaf: Yr Haul

Nifer: Gormod i'w rhifo. Mae yna 200–400 miliwn o sêr yn y Llwybr Llaethog yn unig

Lliw: Gall sêr fod yn goch, yn wyn neu'n las. Mae lliw yn dangos gwres; coch yw'r oeraf.

Cafodd llawer o ddargynfyddiadau pwysicaf y gofod eu gwneud gan bobl oedd yn defnyddio sbienddrych

Yr Haul

Yr Haul yw'r **seren** sydd yng nghanol Cysawd ein Haul ni. Mae'n rhoi gwres a **golau** er mwyn i ni gael bywyd ar y Ddaear. Pêl fawr o nwy hydrogen a **helium** sy'n llosgi yw'r Haul. Mae'r tymheredd ar yr wyneb yn 9,932°F (5,500°C) Dyna **BOETH!** Mae diamedr yr Haul 109 gwaith yn fwy na'r Ddaear!

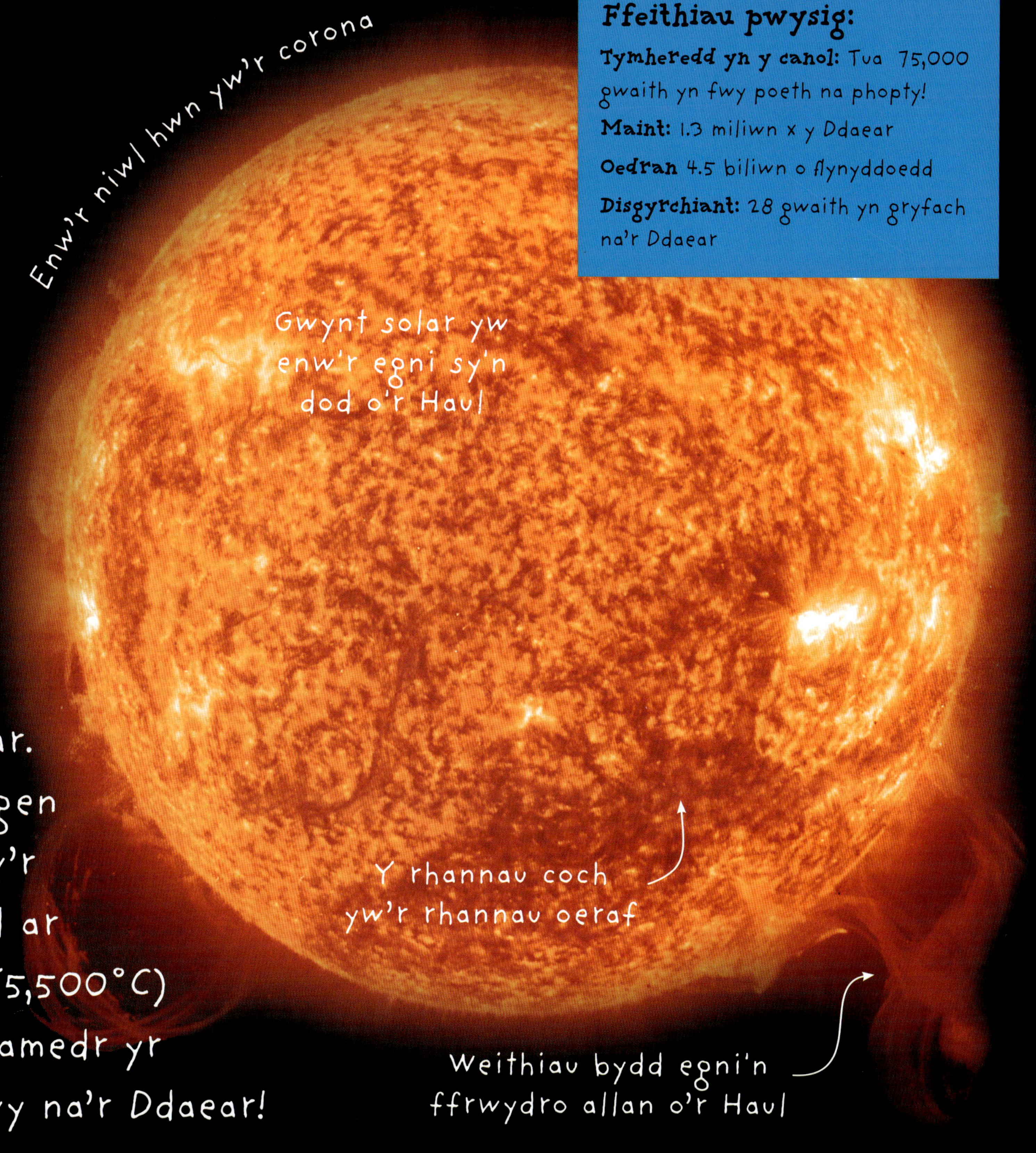
Enw'r niwl hwn yw'r corona
Gwynt solar yw enw'r egni sy'n dod o'r Haul
Y rhannau coch yw'r rhannau oeraf
Weithiau bydd egni'n ffrwydro allan o'r Haul

Ffeithiau pwysig:

Tymheredd yn y canol: Tua 75,000 gwaith yn fwy poeth na phopty!

Maint: 1.3 miliwn x y Ddaear

Oedran 4.5 biliwn o flynyddoedd

Disgyrchiant: 28 gwaith yn gryfach na'r Ddaear

Creigiau o'r Gofod

Mae'r twll yn 558 troedfedd (170m) o ddyfnder
Syrthiodd y meteoryn a tharo'r ddaear 50,000 o flynyddoedd yn ôl
Dyma dwll y Seren Wib yn Arizona, UDA
Torrodd y meteoryn wnaeth greu'r twll hwn oddi ar asteroid enfawr yn y gofod

Creigiau enwog o'r gofod

Asteroid Ida yw un o'r asteroidau mwyaf enwog. Mae mor fawr nes bod ganddo'i leuad ei hun!

Mae'n bosib gweld Comed Halley bob 75 mlynedd. Dyna'r unig gomed y byddi di'n debygol o'i gweld!

Mae'r gofod yn llawn o **greigiau** o bob maint a siâp: **comedau** rhewllyd, sy'n disgleirio wrth fynd o gwmpas yr Haul, **asteroidau** enfawr, yr un maint â phlaned, a sêr gwib sy'n gallu dod i mewn i **atmosffer** y Ddaear.

Lloerennau

Mae pobl wedi gwneud lloerennau sy'n **ddefnyddiol** iawn. Byddwn ni'n eu defnyddio i edrych ar y gofod ac ar ein **planed**. Wrth iddyn nhw droi o gwmpas y Ddaear byddan nhw'n anfon gwybodaeth yn ôl i **soseri** lloeren. Ers i'r lloeren gyntaf, Sputnik, gael ei lansio gan Rwsia yn 1957, mae **miloedd** o loerennau'n troi o gwmpas y Ddaear heddiw.

Bydd y soser gron yn derbyn negeseuon o'r gofod

Mae'r soser loeren hon ar y Ddaear, ac mae'n gallu siarad â lloerennau yn y gofod

Defnyddio lloerennau bob dydd

Teledu lloeren

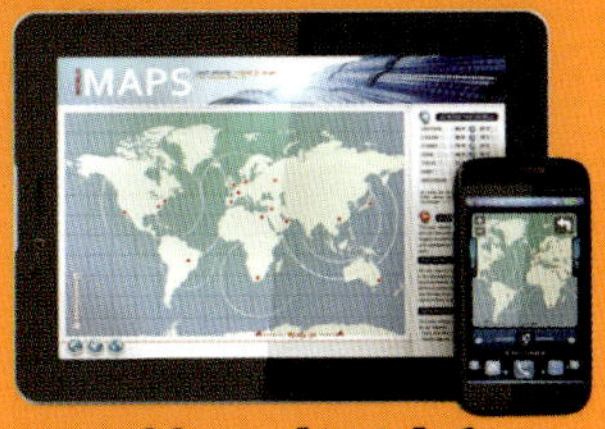

Offer digidol

Y tywydd

Gwybod y ffordd

Y Lleuad

Lle **sych,** llychlyd heb ddim awyr yw'r Lleuad. Dros ei hwyneb, mae **pantiau** o'r enw craterau, gafodd eu gadael pan ffrwydrodd meteorynnau a sêr gwib i mewn iddi, ac mae hyn yn dal i ddigwydd heddiw! Disgyrchiant y Lleuad sy'n gwneud i'r **llanw a thrai** ddigwydd yn y môr ar y Ddaear. Dymа'r unig le yn y gofod y mae pobl wedi **glanio.**

Mae'r Lleuad yn cymryd 27 diwrnod, 7 awr, 43 munud a 11.6 eiliad i droi o gwmpas y Ddaear

Mae wyneb y Lleuad yn llawn o dyllau

Yn 1969, Neil Armstrong, gofodwr o America, oedd y dyn cyntaf i gerdded ar y Lleuad. Mae ôl ei droed o 1969 yn dal yno heddiw.

Y llong ofod, Lunar Module, aeth â dau ofodwr i wyneb y Lleuad ac yn ôl.

Mae'r Lleuad yn hen iawn – 4.5 biliwn o flynyddoedd oed!

Gorsaf ofod

Lloerennau lle bydd pobl yn byw yw gorsafoedd gofod. Maen nhw'n troi'n eithaf agos at y Ddaear. Gall gofodwyr fyw a **gweithio** yn y gofod am amser **hir** yma a bydd llongau gofod eraill yn glanio arnynt hefyd. Yr orsaf ofod fwyaf, a'r un sydd wedi bod yn gweithio ers yr amser hiraf, yw'r **Orsaf Ofod** Ryngwladol.

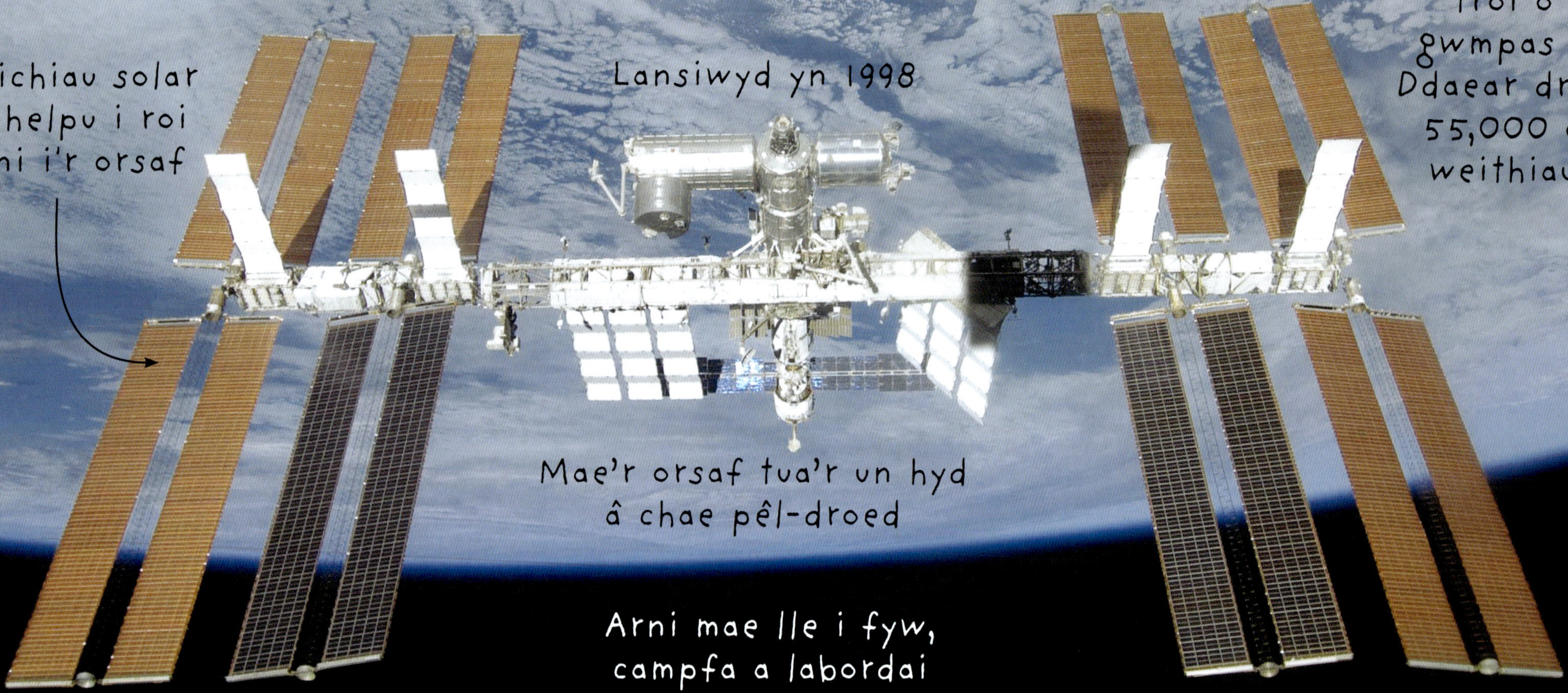

Breichiau solar yn helpu i roi egni i'r orsaf
Lansiwyd yn 1998
Mae wedi troi o gwmpas y Ddaear dros 55,000 o weithiau
Mae'r orsaf tua'r un hyd â chae pêl-droed
Arni mae lle i fyw, campfa a labordai

Archwilio Mawrth

Mae'r llong ofod fach hon wedi tynnu lluniau ardderchog o wyneb y blaned.

Mae'n bosib mai dŵr sydd wedi gwneud y pantiau hyn ar wyneb Mawrth

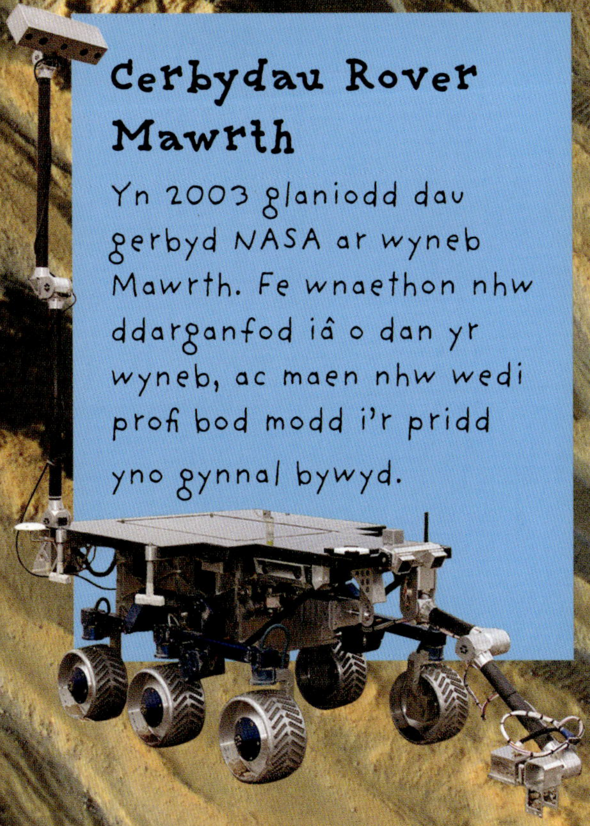

Cerbydau Rover Mawrth

Yn 2003 glaniodd dau gerbyd NASA ar wyneb Mawrth. Fe wnaethon nhw ddarganfod iâ o dan yr wyneb, ac maen nhw wedi profi bod modd i'r pridd yno gynnal bywyd.

Yn y blynyddoedd diweddar mae llawer o **rocedi** wedi tanio **llongau gofod bach** a cherbydau i'r gofod er mwyn deall mwy am y blaned Mawrth. Glaniodd pedwar **cerbyd** yno a **chrwydro** ar yr wyneb. Maen nhw wedi tynnu dros **100,000** o luniau ac wedi casglu llawer o wybodaeth am greigiau Mawrth.

Rocedi

Bydd pob taith i'r gofod yn dechrau yn y **ganolfan reoli,** lle bydd tîm o wyddonwyr a pheirianwyr yn paratoi i **lansio'r** roced i'r gofod. Maen nhw'n **tanio** rocedi enfawr ar lanfa. Bydd y rocedi'n cael digon o **egni** i godi i'r gofod, gan ddringo dros 1,000 o droedfeddi (300m) mewn **eiliadau.**

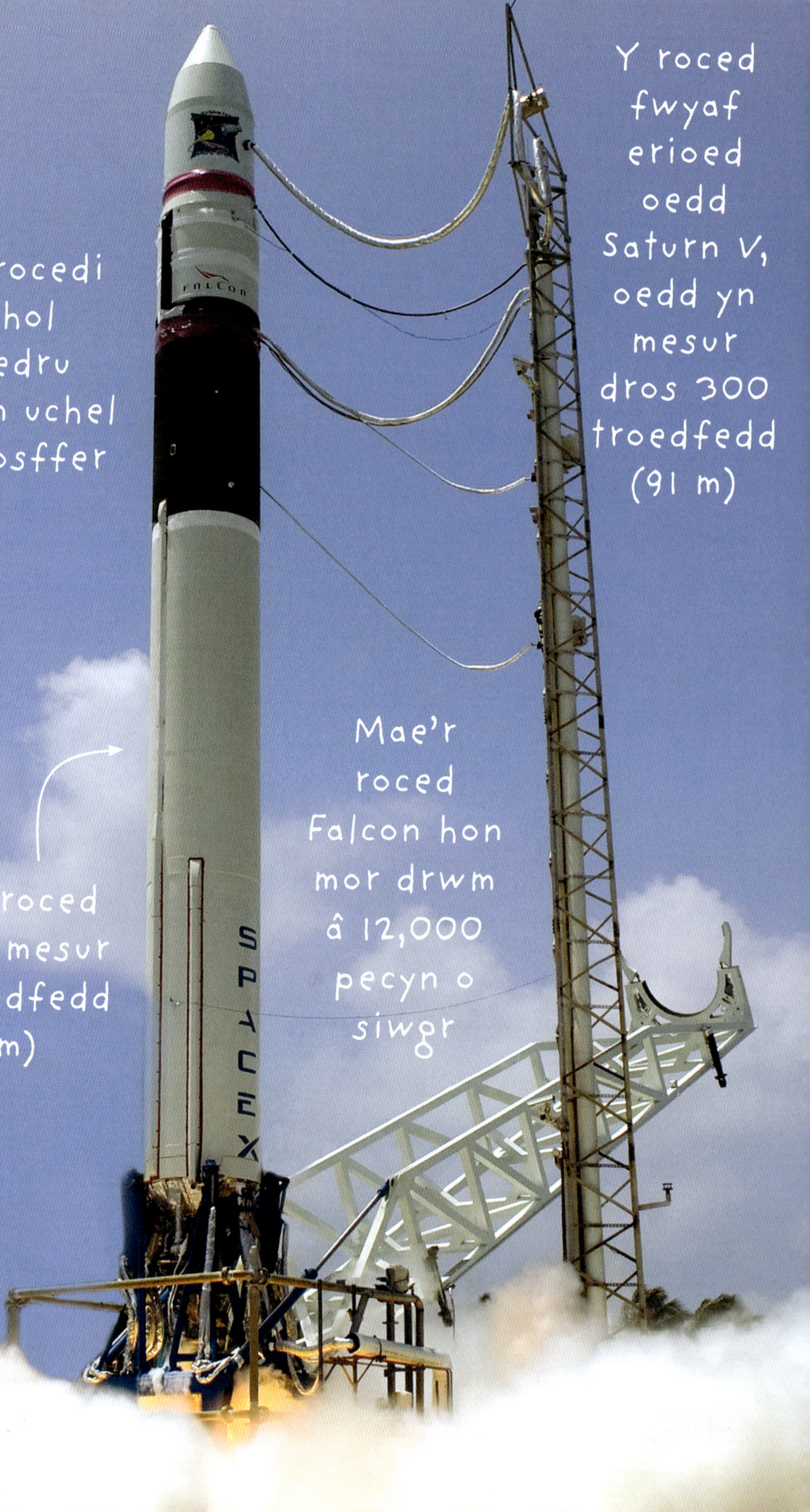
Mae'r rocedi nerthol yn medru saethu'n uchel i'r atmosffer
Y roced fwyaf erioed oedd Saturn V, oedd yn mesur dros 300 troedfedd (91 m)
Mae'r roced hon yn mesur 70 troedfedd (21m)
Mae'r roced Falcon hon mor drwm â 12,000 pecyn o siwgr
SPACEX

Canolfan Reoli

Y ganolfan reoli sy'n rheoli teithiau rocedi o'r Ddaear. Bydd timau o wyddonwyr, peirianwyr a rheolwyr hedfan yn dilyn taith roced o'r eiliad y bydd hi'n codi.

Gofodwyr

Dynion a merched **dewr** iawn sy'n mentro i'r gofod yw gofodwyr. Byddan nhw'n cael eu hanfon ar **deithiau** arbennig. Mae rhai gofodwyr wedi glanio ar y **Lleuad,** ac mae eraill yn gweithio ar **orsafoedd gofod** sy'n troi o gwmpas y Ddaear.

Ffeithiau pwysig:

Y cyntaf i'r gofod: Yuri Gagarin

Y cyntaf ar y Lleuad: Neil Armstrong

Y cyfnod hiraf yn y gofod: Valeri Polyakov, 438 diwrnod

Y mwyaf cyflym: gofodwyr Apollo 10, 36,440 troedfedd yr eiliad (1,107 metr yr eiliad)

Y nifer fwyaf o deithiau: Franklin Chang-Diaz, 7 tro yn y gofod

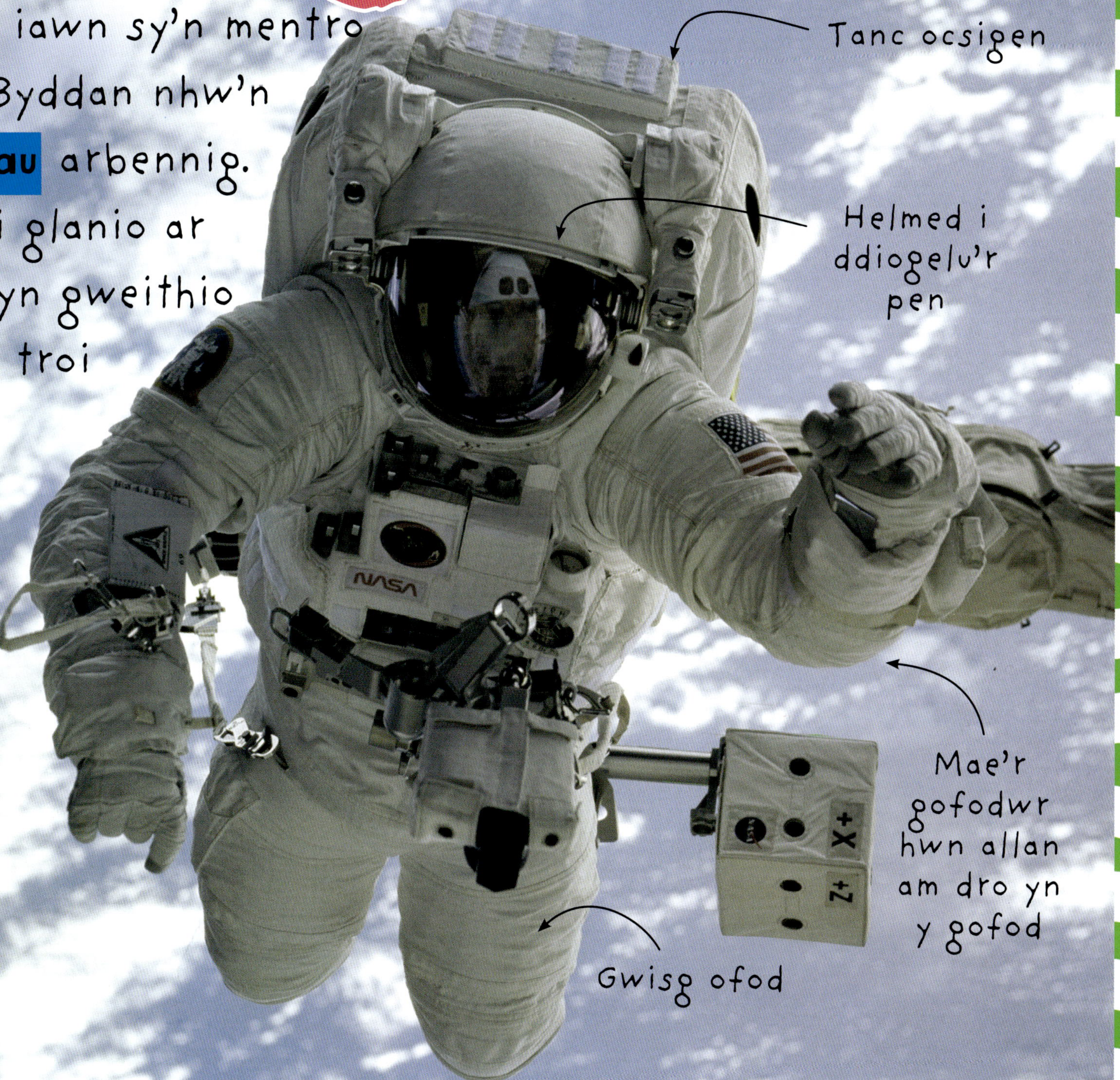

Tanc ocsigen
Helmed i ddiogelu'r pen
Mae'r gofodwr hwn allan am dro yn y gofod
Gwisg ofod
NASA

Gwennol Ofod

Y Wennol Ofod oedd y **llong ofod** gyntaf i gael ei defnyddio fwy nag unwaith. Roedd hi'n cario lloerennau mawr allan i **gylchdroi'r** Ddaear. Roedd y Wennol yn saethu i'r gofod fel **roced,** yn cylchdroi'r Ddaear fel llong ofod ac yna'n glanio ar y Ddaear fel **awyren.** Byddai'n cario pobl ac offer i **orsafoedd gofod.**

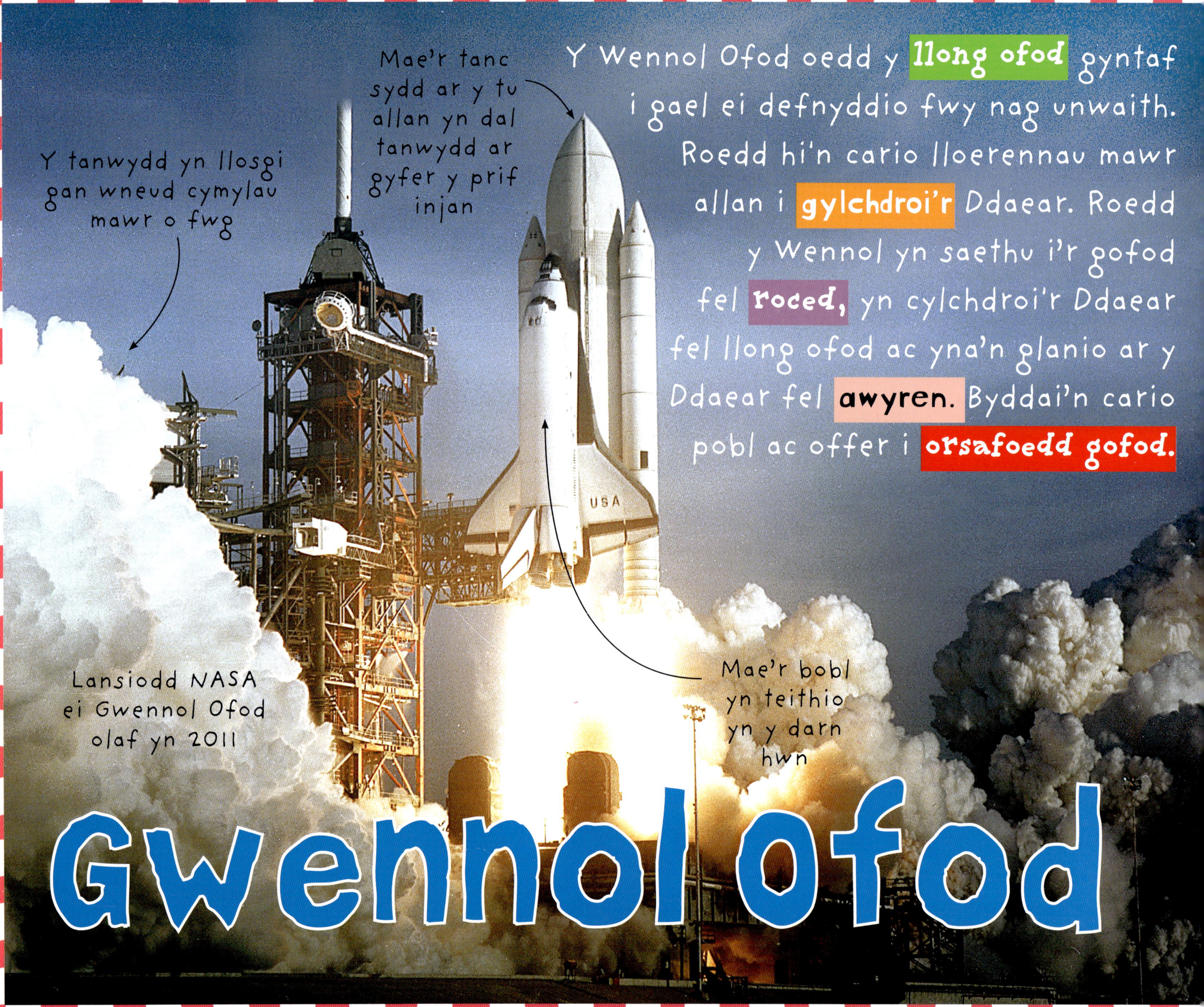

Mae'r tanc sydd ar y tu allan yn dal tanwydd ar gyfer y prif injan
Y tanwydd yn llosgi gan wneud cymylau mawr o fwg
USA
Lansiodd NASA ei Gwennol Ofod olaf yn 2011
Mae'r bobl yn teithio yn y darn hwn

Gwyliau yn y gofod

Does dim disgyrchiant yn y gofod

Bydd tocyn am daith i'r gofod yn costio £125,000

Beth fynd am i'r gofod ar eich **gwyliau** nesaf? Mae'n bosib iawn, wrth i gwmnïau fel Virgin Galactic **ddatblygu** llongau gofod newydd i wneud hynny. Mae **gwyddonwyr** yn gobeithio y byddwn ni'n gallu defnyddio llongau gofod tebyg un diwrnod i deithio o un ochr y byd i'r llall mewn **3 awr!**

Porthladd gofod

Mecsico Newydd fydd catref y porthladd gofod masnachol cyntaf.

Llinell Amser

1608
Hans Lippershey yn dyfeisio'r telesgop. Mae Galileo'n gwella'r cynllun ac yn darganfod bod y Ddaear yn troi o gwmpas yr Haul

1682
Edmond Halley yn darganfod Comed Halley, sydd wedi cael ei henwi ar ei ôl

1687
Isaac Newton yn disgrifio'i ddamcaniaeth disgyrchiant

1781
William Herschel yn darganfod Wranws

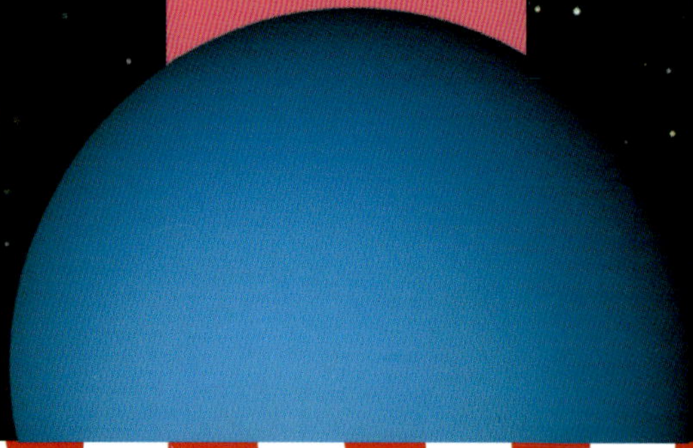

1846
Johann Galle yn darganfod Neifion

1926
Robert Goddard yn lansio'r roced gyntaf i ddefnyddio tanwydd hylif

1949
Mwncïod yw'r mamaliaid cyntaf i hedfan i'r gofod

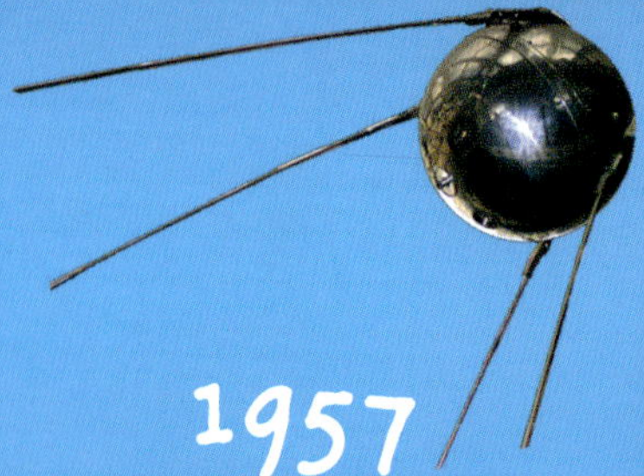

1957
Rwsia'n lansio'r lloeren gyntaf i'r gofod, gan ddechrau oes y gofod

1959
Rwsia ac America'n dechrau ras ofod i weld pwy fydd y cyntaf i lanio ar y Lleuad

1969
Yr Americanwr Neil Armstrong yw'r dyn cyntaf ar y Lleuad, gyda Buzz Aldrin yn ei ddilyn

2011
Diwedd rhaglen y Wennol Ofod gyda thaith Gwennol Ofod Atlantis

1990
Lansio Telesgop Gofod Hubble

1961
Y Rwsiad Yuri Gagarin yw'r dyn cyntaf yn y gofod

1977
Lansio llongau gofod i'r gofod pell

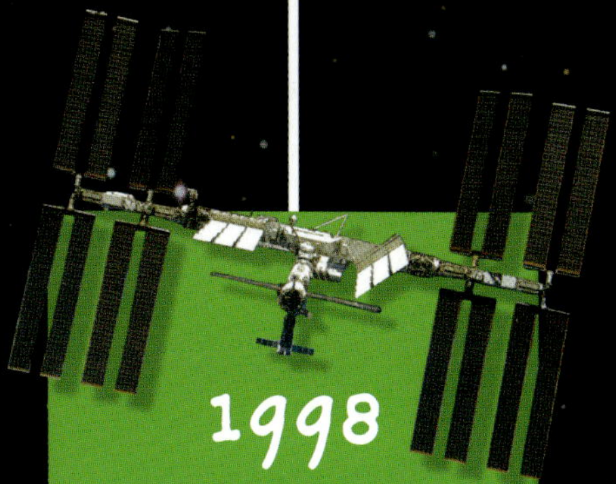

1998
Dechrau adeiladu'r Orsaf Ofod Ryngwladol

Y Dyfodol...
Beth am fynd am dro i'r gofod ar eich taith ofod bersonol chi?

Geirfa

Asteroid Craig neu blaned fechan sy'n troi o gwmpas yr Haul.

Echel Llinell syth ddychmygol y bydd rhywbeth yn troi o'i chwmpas.

Twll du Ardal yn y gofod o gwmpas rhywbeth bach ond dwys iawn, lle mae disgyrchiant mor gryf nes bod dim byd yn gallu dianc, hyd yn oed golau.

Clwstwr sêr Casgliad o sêr sydd wedi cael eu henwi gan seryddwyr ganrifoedd yn ôl oherwydd y ffordd maen nhw'n edrych.

Planed fach Planed lai sydd ddim yn cwrdd â'r gofynion er mwyn bod yn blaned swyddogol.

Cawr nwy Planed fawr yng Nghysawd yr Haul sydd wedi'i gwneud o nwy. Dyna Iau, Sadwrn, Wranws a Neifion.

Lleuad Rhywbeth sy'n troi o gwmpas rhwybeth arall yn y gofod, planed fel arfer.

Nebiwla Cwmwl o nwy a llwch lle bydd galaethau newydd yn cael eu gwneud.